l'oiseau, le vieux-port et le charpentier

Michel van Schendel

l'oiseau, le vieux-port et le charpentier

illustrations de Martine Audet
conception graphique d'Anne-Maude Théberge

◆ l'HEXAGONE

Éditions de l'Hexagone
Une division du groupe Ville-Marie Littérature
1010, rue de La Gauchetière Est, Montréal, Québec H2L 2N5
Tél. : (514) 523-1182 • Téléc. : (514) 282-7530
Courriel : vml@sogides.com

Illustrations de la couverture : Martine Audet
Conception graphique : Anne-Maude Théberge

Catalogage avant publication de Bibliothèque et Archives Canada
Van Schendel, Michel, 1929-2005
L'oiseau, le Vieux-Port et le charpentier :
poèmes pour enfants devenus grands
Pour enfants.
ISBN-13 : 978-2-89006-788-2
ISBN-10 : 2-89006-788-2
I. Titre.
PS8543.A45O47 2006   jC841'.54   C2006-941005-4
PS9543.A45O47 2006

L'Hexagone bénéficie du soutien de la Société de développement des entreprises culturelles du Québec (SODEC) pour son programme d'édition.

Gouvernement du Québec – Programme de crédit d'impôt pour l'édition de livres – Gestion SODEC.

Nous reconnaissons l'aide financière du gouvernement du Canada par l'entremise du Programme d'aide au développement de l'industrie de l'édition (PADIÉ) pour nos activités d'édition.

Nous remercions le Conseil des Arts du Canada de l'aide accordée à notre programme de publication.

DISTRIBUTEURS EXCLUSIFS :

Pour le Québec, le Canada et les États-Unis :
LES MESSAGERIES ADP*
955, rue Amherst, Montréal, Québec H2L 3K4
Tél. : (514) 523-1182 • Téléc. : (450) 674-6237
* Filiale de Sogides ltée

Pour la Belgique et la France :
Librairie du Québec / DNM
30, rue Gay-Lussac, 75005 Paris
Tél. : 01 43 54 49 02 • Téléc. : 01 43 54 39 15
Courriel : direction@librairieduquebec.fr
Site Internet : www.librairieduquebec.fr

Pour la Suisse :
TRANSAT SA
C.P. 3625, 1211 Genève 3
Tél. : 022 342 77 40 • Téléc. : 022 343 46 46
Courriel : transat-diff@slatkine.com

Dépôt légal : 3ᵉ trimestre 2006
Bibliothèque et Archives nationales du Québec, 2006
Bibliothèque nationale du Canada

préface

Un jour, il n'y avait rien. Même pas une fois.

Apparurent un grand-père et un enfant.

Le grand-père était un peu poète, l'enfant était un peu enfant.

Ils décidèrent tous les deux de partir en promenade
autour du monde.

Ils rencontrèrent un oiseau, un charpentier et s'arrêtèrent
dans le Vieux-Port. L'enfant dit : «J'aime ici. Mais pourquoi pas
un port plus jeune, un port qui ne mourrait jamais, un port
pour enfants ? »

Le grand-père rit : « Alors, je te ferai un livre. Le Vieux-Port
sera ainsi toujours tout neuf, tout jeune, même quand toi, Frédéric,
tu seras grand. »

Michel, le grand-père, a donc écrit pour Frédéric.

Ainsi les promenades du poète et de l'enfant, à travers le monde,
continuent.

Il était une fois Michel van Schendel, le poète.

Il était une fois un Vieux-Port, des moments de joie et des rires
d'un grand-père et d'un enfant.

Les revoici. Frédéric partage ici avec toi les poèmes écrits
pour lui par son grand-père.

Martine Audet, la bonne fée des dessins, a fait apparaître
la couleur des mots. Tu la verras…

Il te suffit de tourner les pages et de rester enfant !

CATHERINE MAVRIKAKIS

jeux de mots de jeu
de mots d'amour de mots
d'amour de jeu

à Frédéric

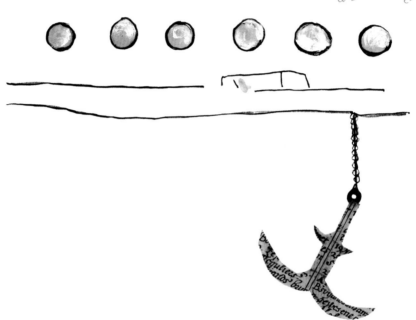

un
rêve
qu'on ne raconte plus

« Ces belles journées,
quand la ville ressemble au dé qui roule, à l'éventail
et au chant de l'oiseau
ou même encore au coquillage tout au bord de la mer »

JAROSLAV SEIFERT
« Le tableau mouillé », *Sonnets de Prague*

un rêve

Un rêve qu'on ne raconte plus,
C'est une pomme qui va tomber.
Un rêve qu'on ne raconte plus,
C'est un navire qui passe l'île.
Un rêve qu'on ne raconte plus,
C'est une eau qui coule encore.
Un rêve qu'on ne raconte plus,
C'est un frisson sous le ciel bleu.
Un rêve qu'on ne raconte plus,
C'est un arbre rieur,
C'est un soulier qui a des yeux au bout des doigts,
C'est un bonnet pour les oiseaux l'hiver,
C'est un bruit de sabots sous le plafond bas,
C'est une histoire qui t'endort, te réveille, te mène à l'école
        et te ramène au lit,
C'est une ficelle qui fait des feuilles, des branches, et monte droit,
C'est le bateau que tu dessines et tu montes dedans,
C'est à qui jouera à la parole du singe-roi qui ne montre que son cul,
C'est un sapristi, c'est un zut, c'est une scie, c'est une musique,
        c'est une filoche
Et c'est une rigolade pour amuser ta sœur qui aime la baguenaude
        et les bagues dedans.

Et le rêve qu'on a fini de raconter,
C'est toi, c'est moi, c'est toute la vie
Qui ne fait encore que commencer.

le BONHOMME
au carrousel

Tu feras du théâtre d'ombres.
Tu glisseras la main, tu glisseras le pied.
Tu mettras un voile sur la marche du bouffon
    et tu le feras danser.
Tu prendras la lune et tu croiras que c'est un oiseau.
Tu passeras la ficelle entre les doigts.
D'un trou d'air tu monteras dans un chapeau
    pour l'apporter aux libellules.
Tu feras des ronds de jambe,
Te prenant pour un arceau.
Tu parleras à la feuille tombée qui t'emmènera au vent.
Tu donneras la main aux gens, le bras aux arbres,
Et tu feras le carrousel.

les étoiles ont envie de dormir

Dans le ciel en dentelle
Les trous font des étoiles ;

Quand j'y mets le doigt, elles ouvrent l'œil ;
Quand j'y mets le nez, je les chatouille.

Papa dit qu'on rentre en ville,
Maman dit qu'on va danser,
L'étoile et moi on va rêver.

Je la mets sur l'oreiller,
Je lui raconte une belle histoire,
Elle me bécote et puis s'endort.

Une étoile meurt,
Une étoile pleure,
Une étoile naît,
Une étoile rit.

Elle demeure devant chez moi ;
Le soir, elle brille,
Parfois ferme les rideaux
Et se cache pour me voir.
Te voir, nous voir, dit la souris
Qui la trouve très petite.

Un arbre de la rue cache l'étoile.
Elle joue au voleur, elle joue au loup.
Je vais dormir, l'attraperai demain.
Demain, tu peux courir,
    demain tu cours toujours ;
Demain matin, elle est partie,
Demain matin, elle a gagné,
Après-demain, ce sera toi.

l'oiseau, la mouche et l'enfant

L'enfant a montré ses dents,
L'enfant a montré la fleur,
L'enfant a pris la fleur entre ses dents.

La mouche a posé ses pattes sur la fleur,
L'oiseau a vu la mouche, a pris la fleur,
L'enfant n'a pas lâché la fleur.

L'oiseau, la mouche et l'enfant sont montés au ciel.

les Devoirs de L'écOle

Le matin avant d'aller à l'école,
Avant de fermer la porte,
Avant de poser la clé sous le tapis,
Le matin il est important, très important,
De donner à manger
Au raton l'ami raton laveur :
Des caresses,
Des croûtons,
Des confitures,
De lui donner à boire
Des limaces, des tasses
De lait pour les trempettes,
De rincer ses lunettes,
D'essuyer sa serviette.

Il est important, très important,
De l'asseoir sur le tapis
À côté d'un oreiller,
De le laisser rouler
Les draps en boule,
Lancer les boules,
Taper les quilles,
De le blottir pour un répit,
De lui laisser le roupillon,
Mais de lui dire de garder
Une plume et du papier,
Une plume et la maison,
Une plume et le grenier,
Et tout un rêve pour le papier,
Jusqu'au retour de l'écolier.

Il est important, très important,
Que le raton laveur ouvre la porte
Au retour des pas d'enfant,
Prenne la main de l'écolier
Et l'emmène à son lit doux,
Prenne place au pupitre,
Prenne un livre et le papier,
Prenne la plume et l'encrier,
Fasse une tache et les devoirs,
Fasse les devoirs de l'écolier
Et dessine une fleur
Sous la règle et le boulier.

Le soir il est important, très important,
Que l'ami raton raton laveur
Lave le visage de l'enfant,
Fasse lecture à l'enfant,
Dise les leçons de l'enfant,
Chante aux lucioles de l'enfant
Qui va rêver des trépidants
Coups de patte et bons enfants,
Cercles noirs autour des yeux
Aimant la lune et le latin
Du tableau noir si bien lavé,
Où l'on dessine un beau raton.
Il est important, très important,
Que la nuit l'ami, le bel ami,
Quitte l'ami, le bel enfant,
Pour monter sur les toits gris
Jouer au chat, à la souris
Dans un sacré charivari
Et redescende par le buis,
Un radis entre les dents.

Demain matin l'ami repu
Se reposera sur le tapis,
Demain matin l'ami repu
Boira du lait, fera trempette,
Demain matin l'ami repu
Mangera le pain de mistigris,
Caressera le bel ami,
Demain matin le bel enfant
Caressera le beau sourcil,
Recevra le beau semis
De devoirs bien tamisés.
Demain matin le bel enfant
Partira, copain clopant
À l'école qui rira,
Est-ce en Estrie, est-ce en Syrie
Où la maîtresse dit merci
Pour les devoirs tout frisottants ?

opqrstuvwx

5 X 10 = 50

la rivière ou la ricote

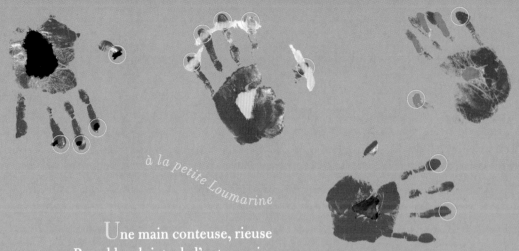

à la petite Loumarine

Une main conteuse, rieuse
Prend les doigts de l'autre main,
Les met à plat, en fait des ponts
Pour les pieds des enfants
Sur le dos de l'eau qui coule.
La main raconte la paume,
Où gîte une bête sans nom.
La main raconte les doigts
Qui ont humé la bête à bec.

Le gaillard c'est le primio, il l'a chassée,
Le blaireau c'est le deuxio, il l'a tuée,
Le benêt c'est le troisio, il l'a plumée,
Le malin c'est le quatrio, il l'a mangée.
Et le cinquio, le petit glinglin,
Le petit quiquou qui n'a rien eu ?

Passe rivière, passe le pont,
Passe becquets, passe troupeau,
Passe le val, passe marmot,
Grapille fourmi, grapille farine,
Passe la côte du moulin
Jusqu'à l'herbe qui frissonne
Se trémousse et fait guili
Tout au bout de la chatouille
Sous la joue de la montagne.

le
vieux-port

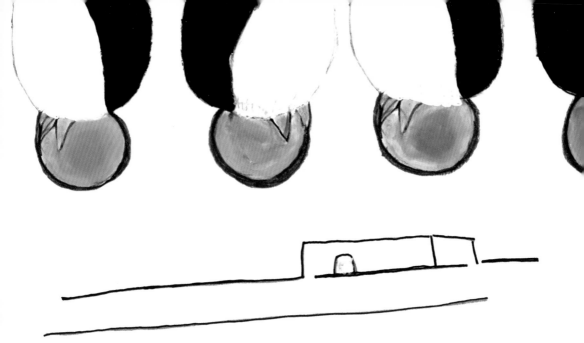

le vieux-port

– Pourquoi le bateau,
il a un *P* sur la cheminée ?

Un bateau tout pataud
Qui n'avait pas de peau
Pataugeait dans l'eau
Devant les badauds
Très pâlots, sans paletot.

Un bateau aime les matelots
Qui vont sur l'eau
À la recherche des manchots
Qui imitent les cachalots.

Mais le bateau dit aux manchots :
Rigolez, mes rigolos, mais allez à l'eau,
J'en ai bien assez d'aimer les matelots.

Alors les manchots quittent leurs manteaux,
Amorcent le bateau,
Montent aimer les matelots.

Les matelots rament d'aval, rament d'amont,
Les matelots vont vivre à l'eau
Pour l'amour des manchots
Qui sont restés sur le rafiot,
Et les attendent mouchoir au bec, plume au manteau.

Faut être un peu marteau
Pour aimer les manchots,
Faut être pas trop chaud
Pour aimer les matelots,
Faut être un peu bateau
Pour aimer les manchots
Qui font bedoum à bedaine
Et bedoum à badaud
Sans écraser de mouche,
Sans tricoter de laine.

Le Vieux-Port n'aime pas l'eau
Qu'on lui met sous les pieds,
Le Vieux-Port n'aime pas le vent,
Le Vieux-Port n'aime pas la pluie,
Le Vieux-Port n'aime pas les blés
Qu'on lui met sur les bras,
Le Vieux-Port est fatigué.

Il dit que l'eau est sale
Et que le vent maugrée,
Il dit que la pluie est grise
Et que les blés sont vieux.

Il demande à s'en aller,
Mais il aime son lit,
Est couché jusqu'à midi,
Est emmitouflé l'après-midi,
La nuit venue voudrait sortir ;
On lui dit qu'il est trop tard,
Il se tourne vers le mur,
Un rêve d'eau l'emmène,
Un rêve d'eau l'endort.

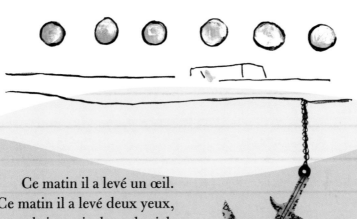

Ce matin il a levé un œil.
Ce matin il a levé deux yeux,
Il a vu un brin, puis deux de ciel,
Il a vu du bleu dans l'eau,
Il a levé un bras, deux bras,
Il a sorti une jambe,
La deuxième, aussi, il l'a sortie.
Il demande à nager,
On lui donne un maillot,
Couleur solaire, couleur de peau ;
On lui tire un bras, deux bras,
On lui tire un pied, deux pieds,
On lui dit d'aller au quai,
On lui met des écoutilles,
On lui dit détendez-vous,
Ramassez-vous, sautez grenouille,
Sautez lapin comme une aurore,
Sautez poisson comme une flèche,
Comme une œillade sous-marine,
Comme un sourire un soir d'été.

Le Vieux-Port a sauté,
Le Vieux-Port a plongé,
Il a battu des mains,
Il a battu des bras.
On l'a vu s'éloigner.
Il nous a salués.
Reviendra-t-il ? On ne le sait.
Le Vieux-Port a rajeuni,
Le Vieux-Port a embelli.
Il enverra un mot des Îles.

Il était un Vieux-Port
Qui prenait l'eau pour de la laine.
Il en faisait rouleau,
Il en faisait mitaine.
À grands bras s'en vient la laine,
À doigts menus s'en va l'aiguille.

Tire le fil à tire d'eau,
La laine amène les poissons,
Les poissons bleus, les poissons blancs,
Les poissons roses du levant,
Les poissons gris comme en silence,
Les poissons-chats, les poissons-chiens,
Les avocats prêchi-prêcha ;
Et les avocats vont aux curés
Qui sont poissons dans l'eau bénite.

Certains poissons ont des dentiers,
Le Vieux-Port les jette à l'eau.
Certains poissons ont des mantilles,
Le Vieux-Port les met à part.
Certains poissons sont d'arc-en-ciel,
Le Vieux-Port en fait les mailles
Du long foulard qu'il met aux voiles
Au moment d'aller babord.
Puis il reprend les vieux dentiers,
Il en fait des drapeaux blancs,
Puis il caresse les mantilles,
Les dépose en haut des mâts,
Puis il découvre un poisson-scie
Qui lui sert à couper le pain.

Le Vieux-Port est capitaine,
Monte au pont, monte aux jumelles,
Le Vieux-Port est capitaine,
Donne le pain aux matelots,
Le Vieux-Port est capitaine,
Dit aux poissons de détaler,
Dit aux couleurs de s'étendre,
Dit aux rameurs de rentrer,
Dit aux chalands de l'entendre
Quand le trois-mâts prendra le vent
Pour aller aux goélands.
Le Vieux-Port est capitaine,
Le Vieux-Port s'en va-t-au vent.

noms de saints, noms de rues

Monseigneur Ignace Bourget
– Dit Paupaul, qui n'était pas Paul, un saint patron, –
Était amoureux d'Émilie Gamelin
Et par amour la punissait en se prélassant
Dans les prie-dieu où il jouait à bigotine
sur les genoux des bigotins qui le chérissaient,
Car il aimait les noms chastes.

Un jour, il élut la rue Saint-Paul dans le Vieux-Port,
Laissant de côté la rue Saint-Pierre qui la traverse
Par pure rivalité et jalousie d'évangile.
Un autre jour, il trouva sur son passage trop de noms anciens.
Il monta en chaire et, d'une voix puissante, écorna les coins d'église
En jetant aux géhennes la rue Mélisson, la rue des Fiers-à-bras,
Celle des Trois-Jeunes-Gens que chatouillait la Bécassine,
La rue du Chat-qui-Pelote et celle du Chien-Mouillé.

Il eut la grâce de conserver la rue de Brésoles
Par une feinte dévotion pour les protégés de l'ancienne France
Et daigna laisser la rue Chagouamigon
Aux Indiens qui portaient leur poisson à quelques pas de là,
Au pied de la petite Rivière-à-Pet.

Amateur de tripot solitaire,
Il céda aussi la place Jacques-Cartier la bien nommée,
Puisque la gloire de l'amiral Nelson la couronnait.

Pour le reste, il jeta aux enfers les noms de rues
Qui ne sentaient pas l'eau bénite – Dieu qu'il y en avait!
Il changea même l'ancienne place du Marché
En place Royale, paraissant ainsi chérir l'ancien roi de France
Tout en caressant le nom de la future Couenne Victoria
Dont plus loin, plus tard, on installerait la noble statue.

À nouveaux noms, pourtant, anciennes manières.
Ainsi, rue Saint-Dizier,
Madame Greluche vendait des œufs dix à la cenne,
Puis les mirait en face de vous
Jusqu'à former la scaramuche,
Chapeau qu'à Pâques les hommes portent à la Papa
Quand les cloches de Saint-Pierre
Sont revenues casser les œufs.

À nouveaux venus, pourtant, anciennes manières.
À la vieille place du Marché,
Les chalands un peu pressés mettaient la main
Tantôt dans une tourte au lièvre,
Tantôt dans un ragoût de patates,
Et tout à côté trouvaient pellette, maillet,
Chevaux de bois et cornes de lune,
Rideaux de mèche ou tapis de retaille,
Peaux de ragondin tannées au sel.

À nouveaux venus, anciennes manières.
Place d'Armes, un vieux libraire,
Tenant échoppe à la droite de Notre-Dame,
Invitait des gens vêtus de drap
À visiter son enfer dont par magie il vendait
Deux ou trois bouquins du diable,
Et l'on voyait le fils de Joseph Papineau
Ou l'honorable père en personne
Emporter vers la demeure
Une belle édition de papier interdit
Sous le triste regard des noms de saints.

Affaires de saints,
Affaires de rien.
Autant cracher dans le bassin,
Donner l'aumône à l'Antonin.

37

le
CHARPENTIER

le CHARPENTIER

Il était un charpentier
Qui était bien fatigué.
Il avait cousu son toit
Avec des fils d'araignée
Sur une poutre en guenilles
Qui flottait parmi les vents.
Il avait pris des chenilles
Pour y monter les tuiles
Qui étaient en caramel.
Il avait fait les gouttières
Avec des limaces grises
Qui buvaient les eaux de pluie
Et bavaient la colle aux murs
Ainsi bien consolidés.
Il était un charpentier
Tout heureux de son travail.

Il était très consciencieux,
Car avant de ramasser
Les outils de sa journée,
Il voulait tout vérifier
Et s'asseoir sur l'arêtier,
Les deux jambes écartées,
Les deux pieds aux madriers
Placés là comme étriers,
Puis sautant sur ses fessiers
Et giguant sans débrayer,
Il poussait la cheminée
Qui tombait à la volée
En bas sur la travée ;
Brique vole et fait un cercle,
Brique vire et cogne au pied.
La journée est terminée.
La colle chante, la limace est repue.
Le charpentier glisse aux chevilles,
Pousse un cri bien orchestré
Quand l'araignée le voit chuter,
Fers en l'air parmi les choux
Qui font un lit aux chicorées.

Le charpentier a fini sa journée.
Le charpentier se tourne un pouce
Et mange l'autre sauce poulette.
Le charpentier monte à l'étage,
Étend ses jambes et sa bedaine,
Fait bêler les moutons dessus,
Jolis moutons, joli troupeau.
Le charpentier s'endort,
Le charpentier fait de beaux rêves.

Le charpentier n'a rien à faire.
Pas de toit à réparer,
Pas de toit à retaper,
Pas de bille à bouloter.

Le charpentier n'a rien à faire,
Pas un clou à marteler,
Pas de poutre à pendouiller,
Pas de fil à mordiller,
Pas d'idée à découper.

Le charpentier n'a rien à faire,
Le long des rues n'a qu'à marcher,
Les noms de rues n'a qu'à chiquer,
Dire son bêtisier
Rue Saint-Dizier,
Dire les supplices
Rue Saint-Sulpice,
Chercher Saint-Paul,
Chanter mi-figue, mi-bémol,
Et rue Saint-Pierre
Jeter son sac en l'air
Pour ramasser les sous
Qui tombent à terre.

Rue de la Friponne
Il cherche la démone,
Rue de Brésoles
La régale d'une sole,
Rue des Remparts
Se couche au sol,
Rêve un peu tard
À la journée
Où il grimpait
Au septième ciel
Tout en haut d'un madrier,
D'un pied sur l'autre
En train de danser.

la TABLE

Cet ouvrage composé en Bulmer corps 12,25 points
a été achevé d'imprimer le trente et un août deux mille six
sur les presses de Quebecor World
pour le compte des Éditions de l'Hexagone.

Imprimé au Québec (Canada)